*Ninguém pode parar
uma mulher ventania*

Ninguém pode parar uma mulher ventania

Ryane Leão

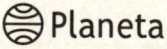
Planeta

Copyright © Ryane Leão, 2025
Copyright © Editora Planeta do Brasil, 2025
Todos os direitos reservados.

Revisão: Malina Oliveira e Tamiris Sene
Projeto gráfico e diagramação: Jussara Fino
Capa e ilustrações de miolo: Fer Rodrigues

Dados Internacionais de Catalogação na Publicação (CIP)
Angélica Ilacqua CRB-8/7057

Leão, Ryane
  Ninguém pode parar uma mulher ventania / Ryane Leão; ilustrações de Fer Rodrigues. – São Paulo: Planeta do Brasil, 2025.
  192 p : il.

  ISBN: 978-85-422-3316-2

  1. Poesia brasileira I. Título II. Rodrigues, Fer

  25-0679   CDD B869.1

Índice para catálogo sistemático:
1. Poesia brasileira

Ao escolher este livro, você está apoiando o manejo responsável das florestas do mundo, e outras fontes controladas

2025
Todos os direitos desta edição reservados à
EDITORA PLANETA DO BRASIL LTDA.
Rua Bela Cintra, 986 – 4º andar
Consolação – 01415-002 – São Paulo – SP
www.planetadelivros.com.br
faleconosco@editoraplaneta.com.br

Acreditamos nos livros

Este livro foi composto em Arnhem e impresso pela gráfica Santa Marta para a Editora Planeta do Brasil em março de 2025.

às pessoas bagunçadas, contraditórias, emocionadas, errantes, grandiosas, extraordinariamente vivas.

coragem, ventanias.

Começo

ser abrigo
pra quem te afoga
é rejeitar sua magia

não faça casa no passado
esse labirinto solitário fere sua grandeza

você cresceu tanto nos últimos anos
que aquilo que veio antes não abarca
sua imensidão

sua história ainda está em andamento
cuidado ao pontuar definitivos

sua voz tem o poder
de erguer cidades inteiras
remontar peitos em chamas
mas primeiro você

assumir a incerteza
como via principal

existir bonita assim
sem coreografia

quando os amores findam inesperadamente

para aline anaya e luz ribeiro

o sono se tornou febril
as lágrimas secaram no silêncio
te enjoaram os cheiros e sabores
derreteu em seu rosto uma tristeza crua
a cama foi cratera e refúgio

suas amigas tocaram a campainha
beijaram sua testa e abraçaram a sua tempestade
destrançaram seu cabelo pacientemente
a televisão permaneceu desligada
enquanto contavam as bobagens que fizemos
nos nossos vinte e poucos anos

(o esboço de um sorriso quase saiu)

depois te colocaram no banho
trocaram os lençóis e te deitaram pra sonhar
só voltaram para perguntar
onde ficavam as coisas na cozinha

sentaram no chão ao seu lado pra almoçar
te escreveram um poema que diz

*eu fui ao futuro
e te vi feliz e viva*

amigas são belos sinais do destino
dizendo *é possível, é possível*

me devolva minhas falhas
elas também foram bússolas essenciais

me dê minhas contradições numa garrafa
que as beberei rindo e contemplando

perceba os imprevistos gloriosos
os remendos feitos de raiva
as rebeliões convidativas

pare de me cobrar perfeição
repara nesse escarcéu, nesse absurdo
sou estelar, cósmica, som de trovão

múltipla
e real

o teu sol não morre quando você está sozinha

quem você é quando está
longe da palavra culpa?

remexi o antigo e pensei:

meu passado está bem
eu estou bem com meu passado

sem pendências
em minhas cicatrizes

sem desonestidade
ao assumir certos percursos

sem cobranças
naquilo que fui quando eu só conseguia
ser daquela maneira

meu passado está bem
eu estou bem com meu passado

cuidado ao se dilacerar, ventania

não confunda sentir demais
com autodestruição

quem segura seus impulsos
é a sua cabeça ancorada na afirmação:

serei intensa também ao me proteger

dificilmente entrarei em sua vida na ponta dos pés
minha brandura é pulsante e faz outros contornos

vocês sabem quando eu chego
meus relâmpagos chamam atenção
meu reinado ocupa espaço
eu sou um corpo palavra

como será passar despercebida
rasa
inerte
intacta

jamais saberei

sou o vento batendo no vidro da janela
e fazendo alvoroço

e você pensando

ou abro
ou abro

estranho acender a luz dessa história após tantos anos, finalmente colocar sua foto na mesinha da sala, me emocionar com um cantor tocando na estação de metrô porque ele me lembrou sua voz, parecia cena de sonho. seu corpo-continente me acompanha, desisti de teimar nas perguntas ou tentar acordar os atlânticos, acho que o ideal é viajar noutros ritos, te honrar nessas horas imensas de escrita, lançar livros, ouvir novos baianos, caetano, gil, djavan, falar pras pessoas que eu sou filha de um poeta. e músico. e compositor. por trás disso há uns abandonos acumulados que reconheço e desvio porque agora já foi. já foi. sei lá sobre o perdão, talvez eu esteja somente equilibrando pratos num piso familiar e escorregadio. curiosamente tenho quase a idade de quando você partiu e envelhecer é garantir que jamais nos apagarão. os búzios disseram que você está bem, então me resta enfrentar, seguir, viver.

soltar
mas soltar de fato
até que a linha se rompa

foi por um fio
foi por um triz

e que alívio
desmanchar esse trecho
ponderar ruas novas
roteirizar sinestesias
botar as garras no futuro

uma mulher que já parou terremotos e outras catástrofes
certamente sabe mais sobre impactos e tremores
do que você

de tanto mergulhar para cessar pesadelos
ela encontrou uma fonte
no fim de seu vazio

ali brota um rio inteiro
ali nasce todo segredo

estou contando um sonho na terapia
o mar e a areia engoliram a cidade
e de alguma forma
não me afoguei

cobras nadaram nessa água-lodo
me atacaram e segui ilesa

acordei apavorada

e antes que eu pudesse terminar
minha terapeuta pergunta:

por que te assusta
permanecer viva?

antes

a geografia do meu corpo entregue
era mais perturbadora e interessante
do que vasculhar raízes

eu não gostava de pensar na posição das coisas
e por isso ainda não tinha perdido os sentidos

a plataforma é próprio vão
os avisos estavam errados

quedas bruscas não se dão nas frestas
se dão nos terrenos preparados
para serem seguros

medi muito bem
o quanto de você eu iria escrever

nosso encontro meteoro
talvez pudesse incendiar
estas páginas

assumo o risco
e manejo com cuidado
a linguagem de nossas funduras
porque somos ambas
grandes demais

nenhuma luz mexeu tanto comigo
nos últimos meses

ter passeado em seus continentes
foi antecipar o inevitável:
o afeto me reconhece
está dado
posto a prova

caso eu te coloque aqui inteira
será que ainda te alcanço?

é um processo lento
desembrutecer

exige que você abra as portas
e deixe escorrer o gosto denso
do passado

você segue se apaixonando pelas suas dores
porque acredita que só ali pode caber
deixe escorrer, agora e novamente
repita:

o afeto
também me pertence

muita gente vai questionar
o porquê desses tantos freios
pra se dividir, pra confiar, pra fazer da entrega
crescente e constante
coração não desaparece
regenera, pede prece e paciência

repita:
o afeto também me pertence

a noite é pesada, eu sei
a madrugada come seu fôlego
você desconversa quando perguntam
se está tudo bem

acredita que a cura são os muros
na verdade, é desmoroná-los
nem tudo que cai é sinônimo de choro
às vezes é fúria de mudança
permita essa queda
pare de fugir dos seus passos
você tem deixado um legado ▶

▶ tão bonito no mundo, sabe?
não busque significados
acenda o sol sem questionar seu brilho
faz mais sentido assim

e repita:
o afeto
também me
pertence

este poema não é sobre ferida
é sobre sonho
é se estranhar
já que faz tempo que você não se vê
no fundo você queria conseguir
não se nutrir somente de redomas
há muitas maneiras pra ser aço
e há muitas outras pra ser oceano
areia, vento, ou lua
esse fogo que consome as entranhas
não se chama desespero
se chama vida
ela ainda está aí
e está devolvendo
tudo aquilo que é teu

repita:
o afeto
sou eu

desejo que você se reconheça
próspera e imparável

faz três segundos que já não sou
mais a mesma

e ele segue me dizendo
que eu me pareço com o ontem

sugiro que me desconheça
se quiser me aprender
se ousar dizer quem sou

escrever é macerar ervas sagradas

o poema que me chega
hoje é oco e desconhecido
quer me obrigar a sair de meu casulo
e eu teimosa avanço
para dentro

quero descansar um pouco mais
maldizer outro bloqueio
ou desculpa
não enfrentar

o poema que bate à minha porta meia-noite
não aceita ser enganado ou distraído
e mesmo que eu chore
se desdobra e insiste

aprendo então a escrever
marejada
e ausente de mim

escrevo com as unhas descascando
cabelos despenteados
lábios secos
pés rachando

nessa semana
só pude me dedicar
ao meu avesso

eu poderia sugerir que buscássemos um caminho
eu poderia aconselhar que respirássemos
um pouco mais fundo
eu poderia me trancar no banheiro e apertar os olhos num
    choro largo
eu poderia aceitar seu trigésimo quinto pedido de
    desculpas pelo mesmo erro
eu poderia acolher sua crise e esquecer a minha
eu poderia acreditar nas suas bobagens inventadas
e ainda que você grite, ainda que você chute os móveis
ainda que você jogue objetos na parede já marcada
por suas digitais de ódio
você tem paciência para construir mentiras
como quem decora um incêndio
infelizmente não nos sobra nada
eu poderia pensar em chances infinitas
de esperar que você pare de formar avalanches no meu
    dentro
eu poderia enumerar todas as vezes em que você me
    anulou
eu poderia apagar minha existência em prol da sua
eu poderia ficar e te dar colo
te dar palavras, te dar meses

no entanto, eu desenhei uma saída
uma via de mão única
dessa vez

reconheço que fui fogo de artifício
que fui a impetuosidade da correnteza
e que não busco mais
definições

enquanto me resgato minha pele esgarça, teimosa pela mudança, e isso já aconteceu há muito tempo – ainda nessa vida, acho. lembrança que não morre e preciso vasculhar. já não rasgo os versos pra ver o que tem no meio deles, entendo bem da explosão, entendo mais ainda do que fica, e eu fico, eu topo ficar comigo, eu me venço pelo cansaço, eu insisto desmedidamente, eu já vi os nove céus e me tornei as trovoadas. sou molhada de poema, a água me ampara, só me divido pra amplificar. anteontem a lua me viu e firmamos um segredo: eu me encontro com deus todas as noites e ela me diz

ninguém ninguém ninguém
te esvazia

porque você movimenta
as placas tectônicas
dos dentros

a cura certamente está distante
desse amor escasso e desatento
que ele ousa te oferecer

estou irritando os poetas das métricas

escrevendo em caixa-baixa
ignorando os versos regulares
desmontando as regras

a academia padrão me detesta

mas tem sido inevitável ouvir meu nome
pelos corredores das escolas e das universidades

estou nas dissertações e monografias
nos prefácios, agradecimentos e biografias

meu livro passeando dentro das mochilas e das bolsas
das mulheres negras que vão segurar
seus diplomas em breve

elas me olham e se veem
e quem pode deter a identificação
me diga

o que pra eles não é poesia
tem nos mantido vivas

um dia eu fui as luzes dessa cidade tumultuada
hoje eu combino mais com as estrelas

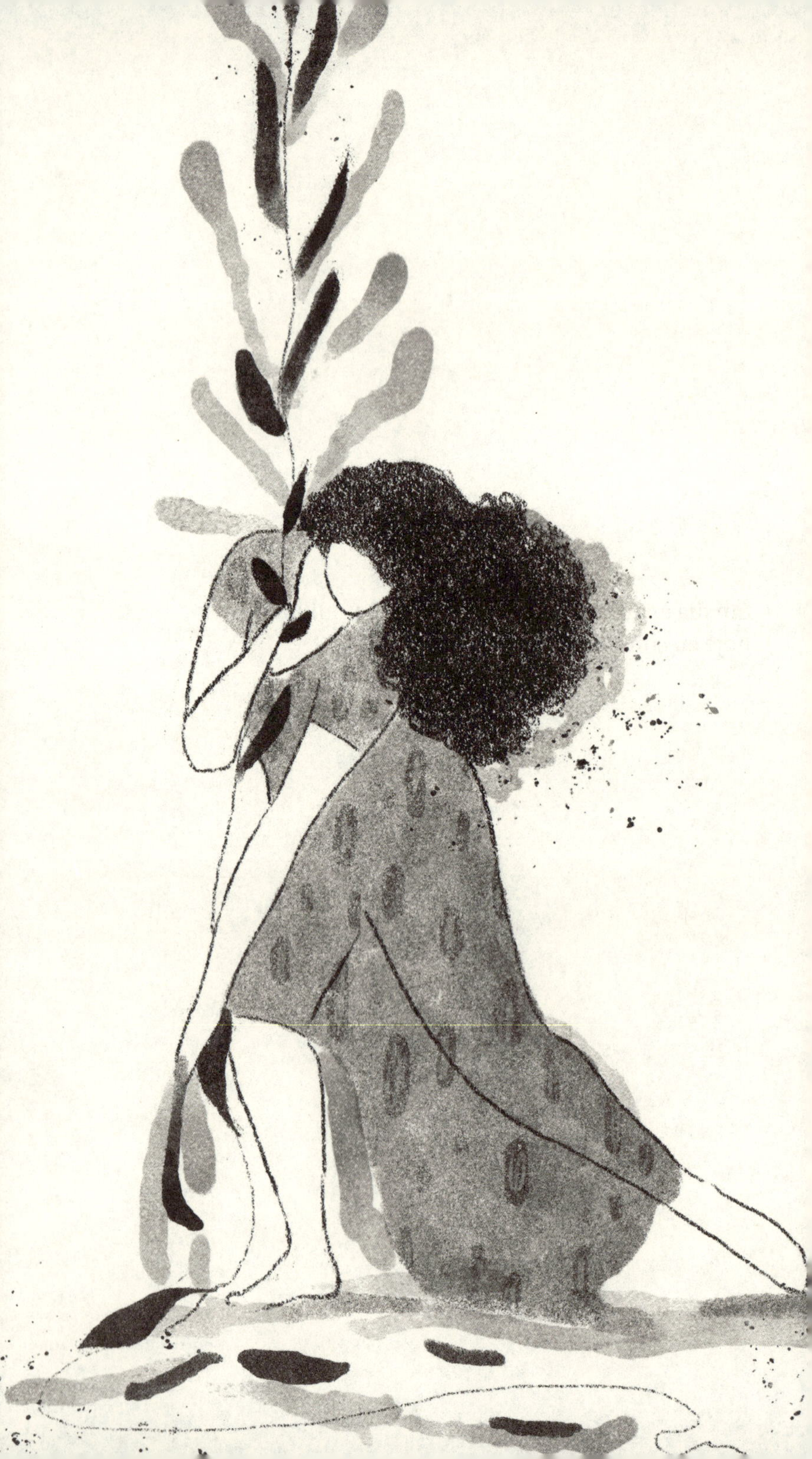

se conhecer pode mesmo ser brutal
furiosamente adentro minha alma
docemente ela me expulsa e me diz:

venha com mais vida
da próxima vez

alguns encontros
deixam rastros de música
na pele

me achego fácil
cultivo a delícia do dengo
sem enfeites ou pretextos
desabo o medo da emoção

se eu te quiser
vou te dizer
você vai ficar
sabendo

me aventuro a beber
outras pessoas

nada adianta
seu gosto não passa

receita para ir embora

1. você está embrulhando seus desejos dentro de seu estômago e sua voz está sentindo sua falta. corresponda aos pedidos do seu espírito: saia daí pra se encher de vida novamente.

2. não é loucura.

3. o naufrágio chegou e dessa vez você não vai imergir.

4. há um fenômeno da natureza acontecendo em seus poros. deixe borbulhar, confie na arte antiga do leito desse rio: ele se estende imparável.

5. não é loucura. é alquimia. vá.

você é uma mulher oceânica
tudo que te comporta
é de se derramar

tenho saudade da vida
que a minha mãe teve
antes do arrebatamento

antes das rasteiras do meu pai
antes da felicidade se esconder
antes da minha irmã e de mim

aprendizados sobre o afeto I

eu já era grande antes de você chegar

sua flecha tem ambos os lados pontiagudos

se você se fere
é indispensável que você machuque

sua língua carrega vários idiomas
cantigas que deveriam aproximar continentes
decretam distâncias absurdas

é proibido aprender o que você sabe
ou te ensinar um céu inédito e singular

inventei teorias para te proteger
disse que você foi muito ferida
e que nada parecia o suficiente
pra quem viu o mundo ruir

percebi que seu ouro foi virando cobre
até descascar por completo

concordo, a vida é injusta
o tempo perece
nem por isso temperamos abismos
a qualquer toque ou esbarrar

você afasta o que é genuíno
abafa a ancestralidade alheia

no seu cerne ninguém é bem-vindo
na sua margem escorre a secura

sem acesso
sem a consciência da vaidade
sequer alguma vontade de trocar intensamente
ou de revisar os passos dados

me enganei achando que éramos parecidas ▶

▶ na sua concepção
a falha inexiste em seu corpo
na minha
reconheço meus erros
me comprometo
em crescer

o amor não te esqueceu
o amor sabe dizer o seu nome
o amor te chama
toca seu rosto
e te convida
a tentar
outra vez

meu oceano está com fome
só seu nome
sacia

traz sua poesia pra cá
recita esses versos doces
no meio das minhas pernas

a cidade que você está construindo em cima do vazio
leva o seu nome e sobrenome

como você deseja habitá-la
as luzes serão neon ou amareladas
escolha a cor das casas, das janelas, das fachadas
bote um samba pra tocar às sextas-feiras
na praça central do seu peito
as árvores, as raízes e as flores ocupam
cada esquina desse recomeço

o que estará escrito nos muros
qual lembrete vai correr as avenidas
se for beira-mar você vai intitular as praias
com suas canções favoritas

as estruturas serão aguadas ou concretas
desliziaremos ou pousaremos nas calçadas
vamos desacelerar
para assistir ao pôr do sol cor de baunilha

essa cidade é sua
faça a magia acontecer
deixe o céu esperançar

eventualmente
você encontrará alguém
sem traumas evidentes

rapidamente
ela se tornará mais interessante
que a minha luz vermelha e viva

entendo
você precisa amar alguém que brilhe menos
escolheu sustentar uma paixão sem graça
a superfície tem poucas falhas

engraçado
estive em seus sorrisos por anos
jamais imaginei te ver fingindo estar feliz

Ogum me ensina:

filha, quando você cria estratégias
para alimentar a coragem em manter a sua essência
muitas guerras findam

nestas páginas suaves e brutas
vamos quebrar copos em poemas
deixar o ódio eclodir e romper rapidamente
pontes que estão para cair

usar nossos incômodos como matéria
permitir arder e sangrar até certo ponto

anunciar amanhãs prósperos
fazer parar de chover
voltar a crer no amor

vamos mudar os finais
aqui podemos tudo

uma curiosidade sobre precipícios:
eles não vencem pessoas magnéticas como nós

como foi que me tornei
esse museu de travessias
que restabelece os despedaços
que ela traz

recebo visitas de fácil abandono
onde a constância da desordem
é diluída no mesmo movimento

ela vem
volta a sorrir
e parte

ela vem
volta a sorrir
e parte

ela vem
volta a sorrir
e parte

ela vem
volta a sorrir
e parte

ela vem
volta a sorrir
e parte

ela vem
e parte

quantas de mim
você leva até ela?

quantas de mim
ela vê em você?

meu amor,
tem certeza que você
soltou as minhas mãos?

se eu te contar sobre as rachaduras
das paredes do meu coração
você promete parar de raspar suas unhas nelas?

tente se proteger, meu bem
essa quebra vai te machucar bastante

eu sei que deveria ser de outro jeito
vamos nos concentrar no presente

caminhe até as prateleiras dos quartos fechados
que você guarda em sua cabeça
se desfaça dessas velhas páginas
encare e rasgue o que dói

uma biblioteca inteira
derrapando no seu coração

aceite contrair para expandir

derrube os fantasmas
se aposse rainha
instaure uma nova lei

tente se perdoar, meu bem
se atreva a curar
se atreva a ficar viva

quando quiser amar algo deliberadamente
mire o seu rosto cansado

Meio

alguém quer ficar
alguém quer partilhar a vida contigo
alguém quer beijar os seus olhos inchados
pela manhã
alguém elogia sua voz rouca
sua culinária afetuosa
suas palavras feitas de fogo
alguém quer acarinhar sua pele
e contar suas pintas pela madrugada
alguém te diz que você é tão bonita
que a lua pousa em seus ombros
toda noite

alguém escolhe ficar
e você não faz ideia
de como lidar com isso
porque se acostumou
com a agonia
do insustentável

a ansiedade chega
e as belezas duramente conquistadas
explodem em cenários assustadoramente cruéis
pelo chão

pretinha,
escreva que seu futuro faz sol

a saudade faz acrobacias no parapeito
da caixa torácica

caio
fácil

gosto de estar errada sobre você

gosto de pensar que tropeçaremos
nas mesmas pedras ou conchas

e que daqui a vinte anos
estaremos bebendo uma cerveja gelada no pelourinho

que iremos naquele samba embaixo do sol
e cantaremos arlindo cruz sem preocupações

que assistiremos a um filme qualquer
enquanto cozinhamos e formulamos
teorias em nossas conversas intermináveis

que te levarei pra minha cidade novamente
e sentaremos na mesa antiga de minha vó
na casa que já foi vendida
e que teve os porta-retratos
substituídos

gosto muito de estar errada sobre você
fingir que nossas sutilezas ainda brilham
me amparar na memória de admiração
deixar acesa essa finita possibilidade

me fazer menos íntima da saudade
me fazer menos íntima da saudade
me fazer menos íntima da saudade

agora que você já sabe falar
das suas dores
o próximo passo é se perguntar
qual o nome das belezas
que te habitam

parar de despistar a densa responsabilidade
de admitir que quem está te machucando
são suas escolhas

cultive futuro no seu corpo em desalinho
cultive futuro no seu corpo marcado
cultive futuro no seu corpo adoecido
cultive futuro no seu corpo dilúvio

o adiante nos escuta
eu garanto

tenho vontade de pegar seu olhar exausto
e colocá-lo pra repousar num fim de tarde
naquele céu que quando tudo dá errado
ainda diz que podemos ser

suas mãos calosas
de tanto segurar coisas que não podiam ser suas
eu mergulharia em alfazema e manjericão
você ainda crê na natureza, eu sei

seus sapatos empoeirados
que confundem tempo com a obrigatoriedade
de se ter e guardar absolutamente tudo
como quem preserva o último resquício de vida
dentro de caixas enfileiradas
eu afastaria um pouco para que você pudesse ver
outras formas, outras linhas

hoje eu vou caminhar de pés descalços ao seu lado
e dizer que o medo não pode mais
corroer seus passos

dizem que um lado sempre perde mais
e dessa vez não foi o meu

vai ser bonito amar de novo

vou embora dessa casa agora
ela tem cheiro de coisas que já passaram

anteontem os azulejos do banheiro caíram
talvez tenha sido um sinal

nenhuma queda deve ser ignorada

o corredor diminuiu de tamanho
já não nasce flor nas árvores secas do quintal
o tempo está se mostrando eficaz

as malas estão pela metade
estou levando somente uns papéis
o destino e algumas perguntas

ninguém vem me buscar
a não ser a minha decisão de partir

é ela que me chama, me norteia
e deixa o rastro para que eu siga

algumas partes de mim vão ficar aqui
e não farão falta

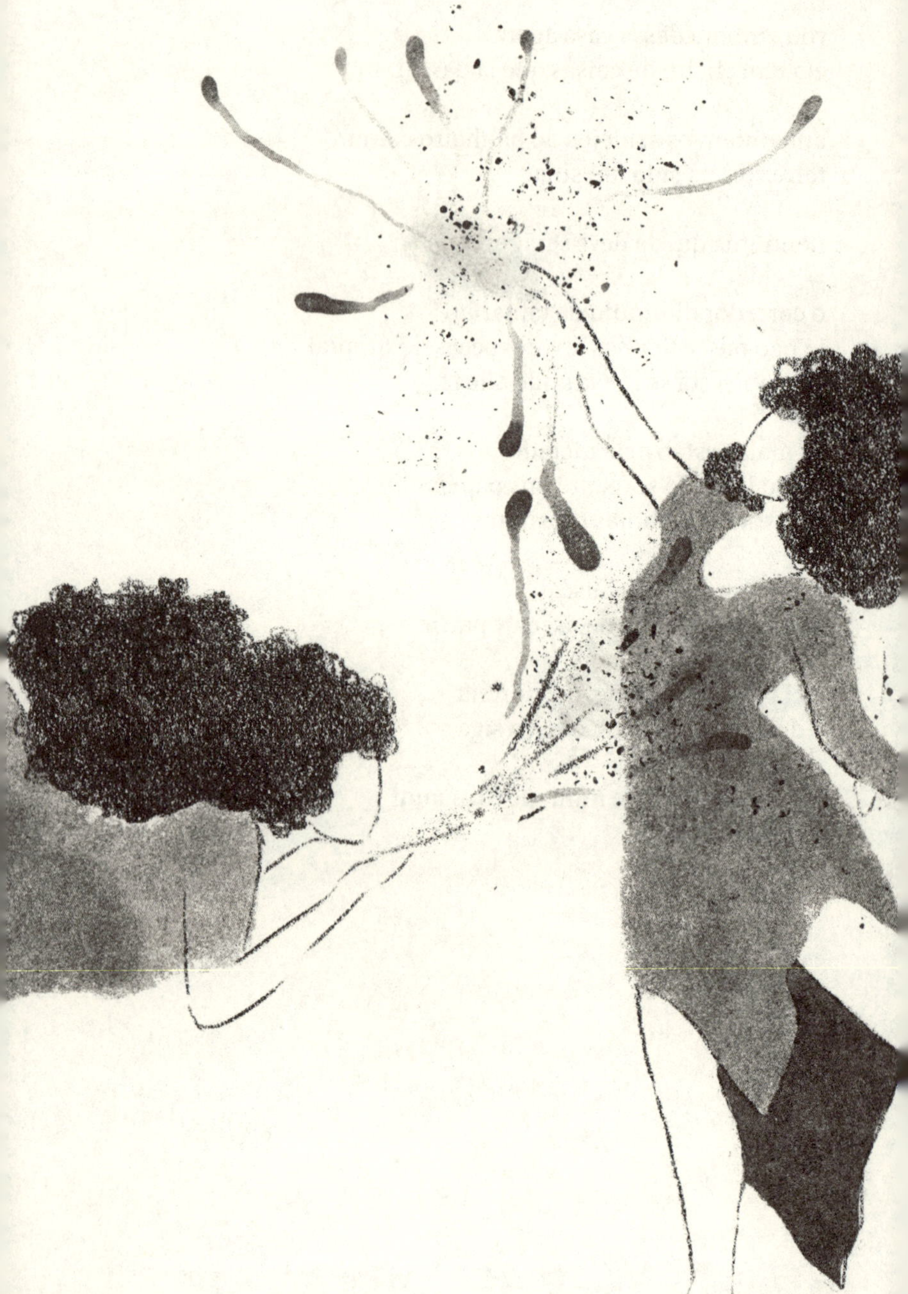

uma ancestral me visitou em sonho
e disse pra eu te contar:
é preciso se alumiar
antes de alimentar outras pessoas
com a sua vivência incandescente

quero ser sarau que te dá vontade
de contar suas histórias

quero ser mandinga
que te abre os caminhos

quero ser patuá
que te firma a sorte grande

foi você que soprou frestas nas portas que bateram forte
que se arranhou nos galhos
quando florescer parecia arriscado
foi você que amassou calendários
contrariou muita gente
fez rezas e banhos
e cantos pra não ser fim

você é aquilo que brilha e atordoa
você é a música que nunca parou

neste poema
retorno anos atrás e arranco
seus dedos do meu pescoço
torço seus punhos e os retiro da minha barriga
apago hematomas violentos escrevendo
sob as marcas:

você jamais esteve aqui

a sua falta não pode ser minha
a sua culpa não pode preparar uma festa
e adornar desenfreadamente o salão de meu peito

a sua confusão não cabe em minha palavra
que insiste em dialogar o que é grande em nós

eu gosto de te saber
você gosta de me pesar

eu gosto de ser eu
você gosta de matar
essa sensação em mim

estou te desprendendo de minha pele
como quem remove tatuagens antigas:
arde, fere e queima
depois cicatriza

capricorniana demais
para pegar o telefone nesse instante
falar qualquer coisa
pra te distrair com minha voz rouca

abrir uma garrafa de vinho
te fazer imaginar a minha boca
sendo mormaço
na borda da taça

confessar a saudade
confundir a espera
o coração não chega nem perto
de ser frio

o problema é a razão absoluta
que antecede o impulso

meu sorriso bambeia
e cai no canto de sua boca
seu olhar desconcentra
e fotografa o meu rosto entregue

aceito o convite pra essa dança

minha maior tentativa
sou eu esparramando
minhas histórias
num poema:

vulnerável
e invencível

óbvio que eu iria descobrir suas mentiras
sou guiada por aquelas que foram enganadas
elas voltaram pra dizer

basta

I

me pego propositalmente caminhando
em direção ao nosso afeto agridoce

aceito a condição que adoça a boca com mel
e amarga a travessia com a ausência

II

gemendo e suando
escrevo vontades
no seu colo

seu sol se põe nas bordas de meus quadris
os poros esquentam com seus dedos
arranhando as minhas dobras

teu cheiro acorda minhas marés
minha saliva banha sua pele

confluência deliciosa
e contraditória

III

uma pena que esse enredo acabe virando um rascunho

somos dessas pessoas desajeitadas nas medidas das entregas
tão viscerais que nos inundamos até nos afogarmos
e desaparecermos

estou ocupada rasgando minhas ruas sem saída
e substituindo por encruzilhadas

se puder ajudar, fique
caso contrário, volte amanhã

botei fogo em tudo que era teu
agora meu coração em brasa
precisa lembrar que vai sobreviver

para a mulher que eu deixei de ser

gostei muito de ter te vestido

embora eu tenha brigado com suas sombras,
você me acompanhou
sem hesitar

me perdoe pelo grito *"a culpa é toda sua"*
pelos atravessamentos que nos fizeram arder
por desacreditar no caminho de casa

apesar disso, lembre-se que fomos gloriosas juntas
desvendamos silêncios, erramos um pouco menos
e o principal: entregamos amor a nós mesmas
e entendemos que podemos ser amadas
por outras pessoas

pode ir agora
preciso de mais espaço
para me tornar aquela
que você tanto desejou

aprendizados sobre a grandeza I

ela é combativa
tem o coração macio

costumam chamá-la
de doce furacão

nossa eletricidade segue viva
choques magnéticos se espalhando
involuntariamente

nosso amor relampejando
e cortando os nove céus

o feitiço dos corpos entregues
nunca passa despercebido

você pede por cura
mas o que você tem oferecido
para o seu corpo se curar?

ninguém te avisou
que um vulcão adormecido no coração
pode despertar a qualquer momento

há alguns segredos guardados
em nós
que ainda nos escolhemos a nós mesmas
depois da exaustão
não sei se é sobre ser mágica
ou se é só sobre ser real

eu me comprometi
a não danificar
a parte de mim
que decidiu não se abandonar

ontem recusei
mais de dez ligações
me olhei pouco no espelho
chorei pra escapar pelos olhos
mas consegui esquentar meus pés
então acho que nem tudo está perdido
não sei se é sobre olhar o lado bom das coisas
ou se é só sobre não me tornar fria demais

faz quinze minutos que um poema conseguiu
tapar com terra fértil meus buracos
a poesia tende a engolir partes tristes de nós
quando isso acontece é porque era pra ser
não sei se é sobre destino
ou se é só sobre poetas como eu
que escrevem pra não se desconhecerem
e acabam aquietando o coração de tantos

ainda travo muito
quando preciso desabafar
e tenho naturalizado as quedas
preparo o chão pra me saber
e assim caio mais leve

não sei se é sobre não estar bem
ou se é só sobre estar crescendo ▶

▶ os traumas costumam fazer visita longa
por mais que eu me despeça
por mais que eu feche a porta
por mais que eu troque as roupas
por mais que eu mude o endereço
por mais que eu seja outra

não sei se é sobre eles tentarem acabar comigo
ou se é só sobre eles não conseguirem

aprendizados sobre a grandeza II

ela é feita de dendê
coragem e búzios

ela rege a si mesma
ela viveu a angústia por anos
então sabe dominar o fogo
ela some num relâmpago de tempo
ninguém pode destruir sua morada

ela sou eu e também é você

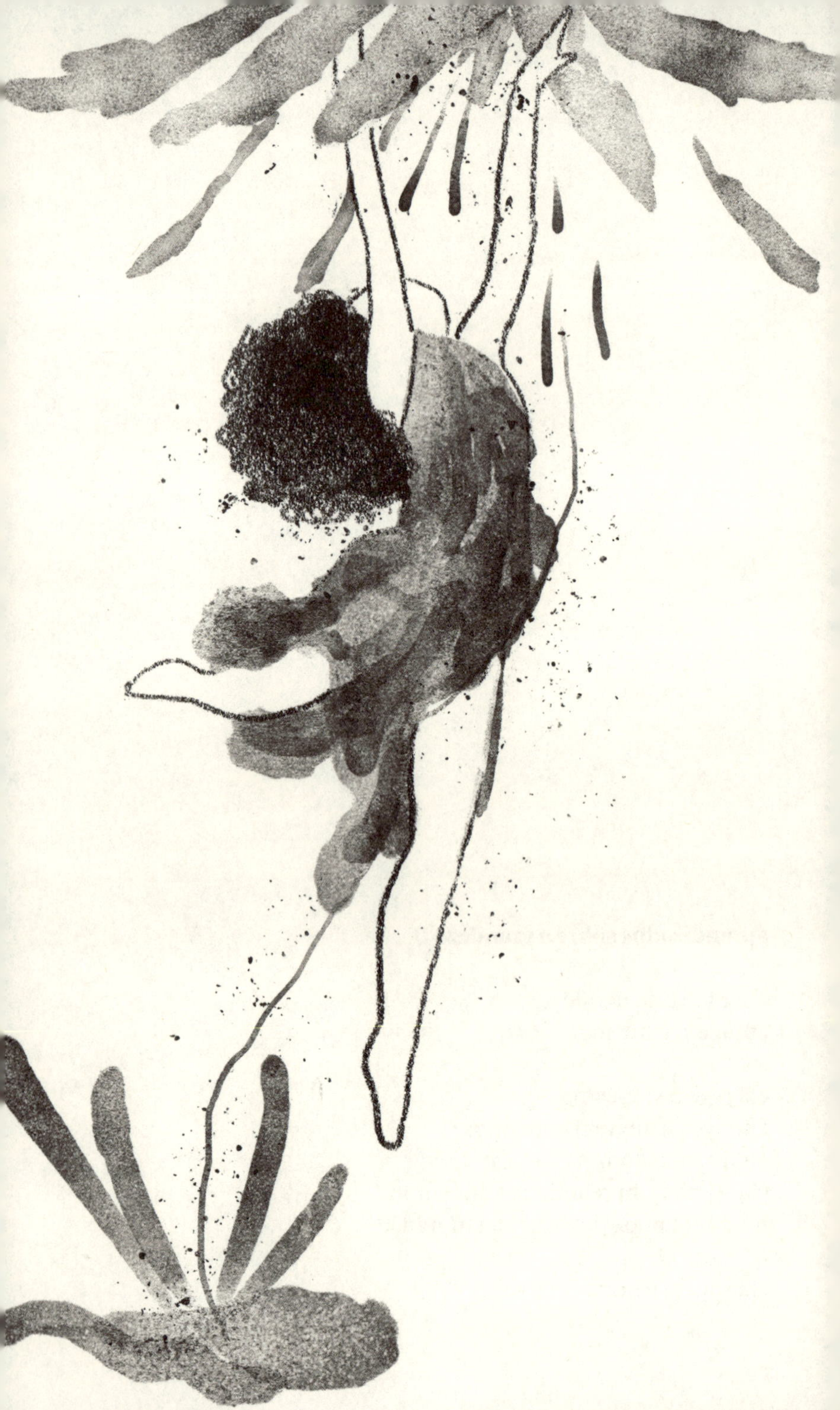

se a culpa te visitar hoje, não coloque uma cadeira para que ela se acomode. não ofereça um copo de água ou qualquer conforto. seja uma anfitriã desobediente. ela te encontrará diferente, com um brilho singular e força absurda nos olhos. maravilhosamente outra. mal sabe ela que você está mais próxima do sol, tem beijado espelhos e dançado no meio do quarto. que dia bonito para celebrar seu próprio nome e todas as suas tentativas. afaste as cobranças e os densos julgamentos, deixe a leveza adentrar.

a risada de Padilha diz:

se você criou os nós
também sabe desatá-los

fim e início morando em suas mãos

não carregar culpa
por ser grande demais

quem quiser
que aprenda a ventar também

apostar todas as minhas fichas em mim

não virar as costas para um bom destino

lembrar que os sonhos apequenam os medos

– três desejos

a sutileza do silêncio
é devastadora

aprendizados sobre o afeto II

um amor enfraquecido
precisa de mais de uma pessoa
para retomar seus hemisférios

tentar sozinha
vai te comer viva

encosta tua boca bem perto da minha
e diz que me esqueceu

a gente se engana
acha que a falta é estática
enquanto ela balança em ondas
que batem e voltam e se propagam
revelando aquilo que negamos enterrar

apareço na sua vida atrasada ou desatenta
ou inevitavelmente me adianto

te querer é suportar esse tempo louco
que nos separa

nossas galáxias brilham dispersas
estrelas que vibram noutros espaços

Começo*

---

* *Começo, meio, começo* é um conceito cunhado por Nêgo Bispo, escritor ativista e importante pensador quilombola brasileiro. Essa expressão deixa de lado a ideia de um tempo linear, pois ele acreditava que as comunidades quilombolas não são lineares, mas circulares, e que suas vidas não têm fim. Nêgo acreditava que os saberes ancestrais dos povos tradicionais são importantes e que não devem ser abandonados, pois quando são esquecidos parte da nossa herança se perde.

minha irmã,
acho que adentramos o novo. é assustador, mas instigante. os sonhos mudaram de vontade, alguns realizamos, outros desfizemos. as estações andam meio loucas, chove na quentura do frio daqui de onde te escrevo. também me sinto assim: quando coloco o casaco, sinto calor, quanto tiro, venta gelado em mim. é outono ou são os anos passando? quando mergulho, não me afogo, quando no raso, ainda me incomodo. estamos protegendo nossas águas? minha embarcação sempre encontra a tua, mesmo torta e em construção. a primeira vez que te encontrei, coloquei um mapa no seu bolso. a gente se acha, se ampara e bota uma música porque tem feito um silêncio perturbador nesses dias. estamos sempre achando que chegamos, aí damos de cara com o mistério escancarado. toda estrada finda em outra estrada, você acredita que era isso que a gente ia descobrir nesse presente bagunçado e precioso? alinhamentos cósmicos devem explicar isso melhor do que eu. a vida acontecendo ininterrupta causa estranheza, afinal não podemos pausar a lua. gostamos muito de quem estamos nos tornando, embora não consigamos explicar a sina de existir. pegue seu chá pra gente observar as janelas juntas. eu vejo luzes, riscos, medos. vejo árvores com raízes enormes e profundas, vejo insistência e poemas acesos ao lado da cama. é desafiador desentender processos. arriscar é refúgio lento, a gente já não joga pra ver se a cabeça aguenta. você está se curando e eu também e seguir é a medida exata desse movimento. conhecemos muitos lugares, mas ainda faltam mundos pra vasculhar. irmã, estou te esperando sem respostas e com muito amor. com risada e colo de uma mulher perdida e grandiosa (igual a você).

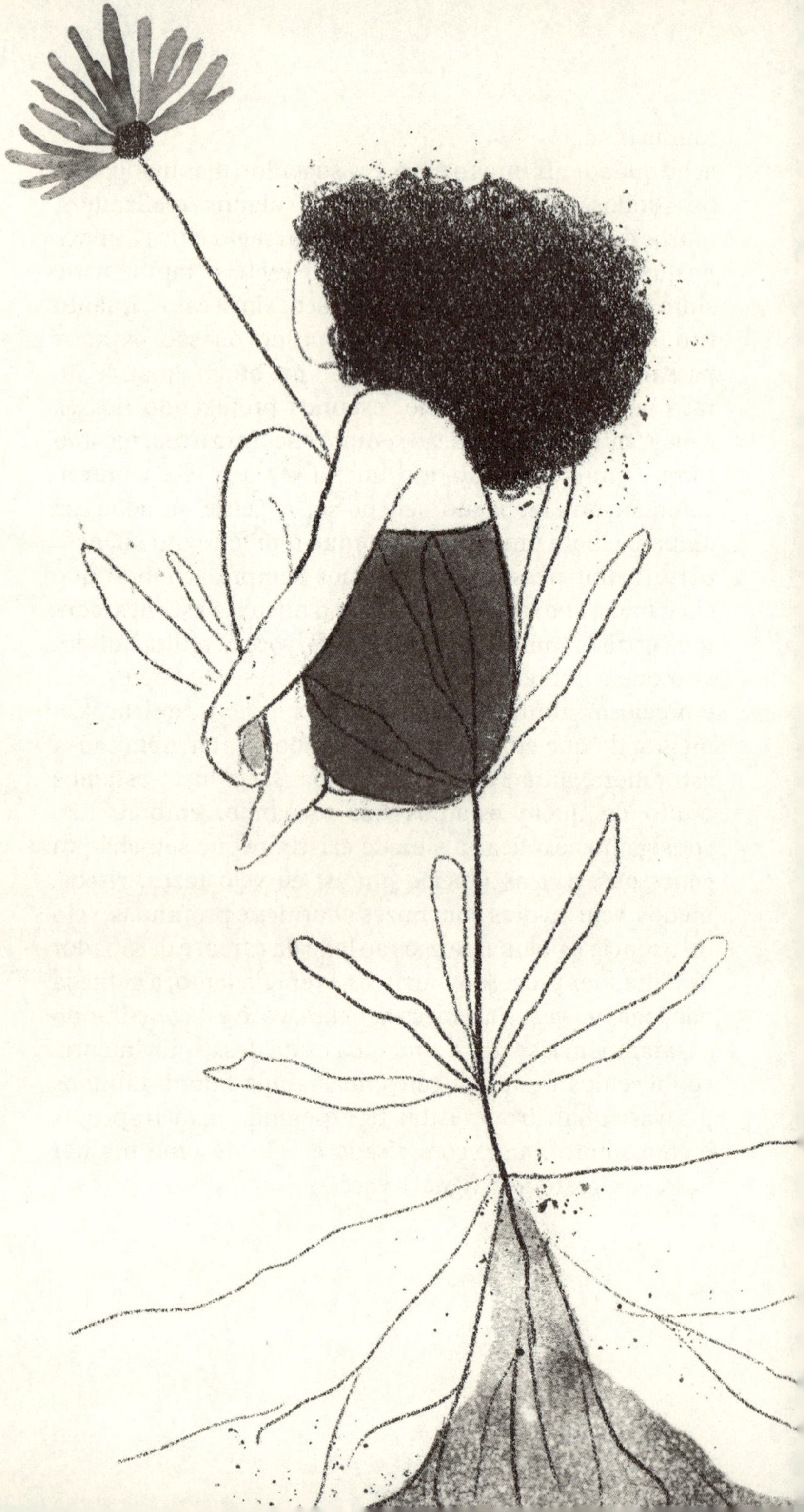

receita de sobrevivência:
complete vazios
com raízes

o meu império
de repente
brilha tanto
sem você

ela é uma mistura de sal, folhas frescas e ventania
que eu faço questão de celebrar

na tecnologia das trocas justas
só te dou de beber
se você também
matar a minha sede

você é uma reza bonita

você mesma sopra o espelho
para que ele embace
não precisa de água quente
nem de vapores sem pretensão
é tudo planejado às 23h47
para que não se sustente ali
nada além, borrão
nada além, coisas tortas

mas todo mundo sabe
que é mais complicado
destruir o abstrato

a mira se confunde
quando alvo e ataque
são você

você mesma joga uma pedra no vidro
e superstições se esparramam
o contrário de sete anos de azar
não é a sorte de ser inteira
é a persistência já sem imunidade
a raiva, o finito de tempo
entre o murro no reflexo
ou a pedra e ainda assim a pedra
e cada trincado de vidro no piso
reflete um ancestral
que te olha com gentileza e diz:

*"não se preocupe
existe vida na fraqueza".*

veja eu me festejar
e se pergunte como
não desistir de mim
tem um gosto incrível
na minha boca

talvez hoje seja o melhor dia
para decidir se será sutilmente
ou de forma avassaladora
que você vai começar
a se amar

já não me interessa
me destruir para existir
me culpar pelas solidões
que grudaram em meus ombros
e que me fizeram ter essa postura
de quem já sentiu mais do que devia
já não me interessa
adornar a dor
preparar um altar para louvar
os meus traumas
prefiro não consagrar todas as vezes
que me partiram ao meio
prefiro soprar nos meus ouvidos
que embora não saiba bem o caminho
para voltar a ser inteira
eu estou retornando
a mim mesma
já não me interessa
ficar ao lado de quem
esquece que eu estive lá
que quando a fé tombou
eu estive lá
eu não posso conviver
com quem me obriga a esfregar
as mãos com o óbvio
todas as manhãs
já não me interessa
explicar que quem tem caminhos abertos
não diz isso o tempo todo
porque já sabe contemplar o silêncio
da certeza de ser guiada
sou carne banhada de sagrado
porque mereço
já não me interessa
desviar de espelhos
provar vivências
admirar abismos
jogar com a minha cabeça ▶

▶ pra ver até onde aguento
meu orgulho não é contabilizar
as cicatrizes
sigo lutando para mantê-las fechadas
se for entrar venha de pés descalços
preciso sentir a energia
pra ver se confio
meu feitiço é meu sentido
já não me interessa
ficar rouca tentando explicar qualquer coisa
eu me sei, eu me sei, eu me sei
agora eu me ocupo
adentrando minha coragem
resgatando meus poderes
deixando minhas asas
respirarem

venha amar minhas partes ruins
sossegá-las com pequenas doses de compreensão

eu toda ou nada feito
eu toda ou nada feito
eu toda ou nada feito

sou uma mulher que gosta muito de dançar
mas que poucas vezes foi chamada para um bom samba
desses que fazem suar os olhos e ficar rouca
eu estou falando da melodia de dentro
o fora eu resolvo bem

sou uma mulher que atravessa pontes feitas de água
nem sempre aprendo a nadar
mas nunca esqueço o nome do rio
nem o caminho até lá

dizem que por isso a natureza
também me sabe

é ela quem me diz o que fazer
quando nada me traz o conforto

sou uma mulher que cruza ventos novos com facilidade
e quase não volto ao que fui

sou uma mulher indesvendável
avalio bem para saber se permitirei
o acesso às linhas finas que cobrem meu rosto

sou uma mulher que elegantemente retorna
confunde, rodeia

sou uma mulher que tem medos antigos e profundos
venha ver de perto
quando eu deixar

não se assuste
estou amparando
todos eles

sou uma mulher que se cuida
se cura, se repete, transparece
sou uma mulher que ri alto ▶

▶ você pode ouvir o meu riso de outra cidade

nem pense em ficar na dúvida
sou eu mesma
que em todas as madrugadas
pego um espelho
e vou rindo
rindo
rindo
abismada com meu
próprio poder

nunca duvide de mim
eu guardo correntezas na minha língua
quando você menos esperar
derramarei poemas com gosto de cura
eu vou me retirar e voltarei me querendo ainda mais
me projeto, me benzo, me concentro
nunca duvide

você lambendo meus quadris
e escorregando pro meio das minhas coxas
nós molhando tsunamis e respirando profundo

tô sabendo que esse é o folêgo de anoitecer em você
frequência cardíaca prazerosa e intencional

te puxando pra cima minha mão procura sua cintura
pra te encaixar nos meus dedos

olhares se topando com malícia
e bocas se mordendo faceiras

minha língua sabe fazer baile pra sua festa chegar

vamos aguando no dengo e na sede

desejos se escancaram pra quem sabe o que quer

como diz Jasmine Mans
eu estou na memória dos seus músculos

nossa melanina é feita de reinados
quando nos apaixonamos
lembramos quem somos
e nossas peles se coroam

é genuíno desejar
que você se exploda
elaboro vinganças parecidas
com aquelas dos filmes
que assistimos de mãos dadas

te imagino perdendo tudo
dou boas risadas com os cenários conflituosos
que ouso sentir

descasco decadências
flerto com a contradição
vou fluindo insubordinada

ser gentil me escapa
e eu gosto

peço aos deuses
que vinguem a minha dor
sem filtro e com o furor
de uma mulher partida ao meio

acendo compulsivamente
minha raiva nessa fogueira:
deixo essa história queimar

choro a urgência de um grito fresco
e minha voz escorre sem pretensão
de perdoar quem me rasgou

diga ao mundo
que através da palavra
vou destruir o que
quase me matou

todas as manhãs alguém que veio antes
sussurra em meu ouvido:
sua magia nunca seca

de repente você está dançando em frente ao sofá
tocando seu rosto e aguando a boca com o sal
de um choro desconhecido

de repente você está preparando a mesa da sala
para te servir um pouco de ar, de tempo
de pequenas tentativas extraordinárias

de repente um amigo te manda uma música
diz que a letra se parece com seu abraço

de repente é sublime percorrer
a distância entre a cozinha e o quarto
qualquer andança é sagrada

de repente cada movimento
é solar e impressionante

de repente
aquela angústia feroz
passou

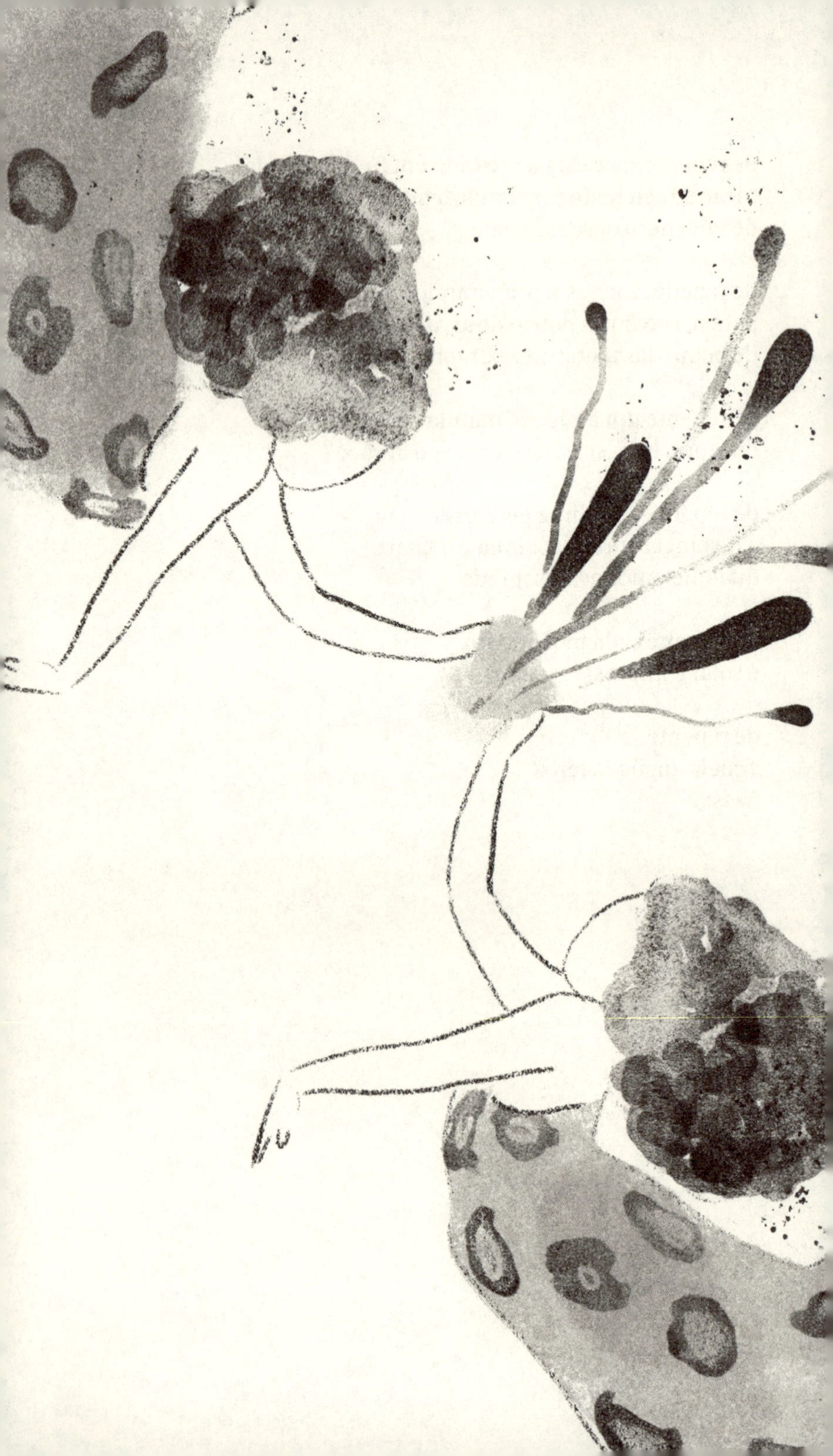

acendo planos
deixo arder os enganos
cicatrizo o impossível
convoco as que me habitam
mostro do que somos capazes

te desejo um coração
em estado constante
de samba

sua tempestade topa o meu redemoinho
e eu deixo encharcar

sem mistérios por hoje
sem escudos nesse minuto
essa sou eu
encantaria
e arrepio

colhemos quem somos. colhemos quem somos. colhemos quem somos. colhemos quem somos. colhemos quem somos. colhemos quem somos. colhemos quem somos. colhemos quem somos. colhemos quem somos. colhemos quem somos. colhemos quem somos. colhemos quem somos. colhemos quem somos. colhemos quem somos. colhemos quem somos. colhemos quem somos. colhemos quem somos. colhemos quem somos. colhemos quem somos.

madrugada bonita pra errar o percurso
e acabar em frente ao seus planetas

a poesia é uma benzedeira
um oráculo delicado

venha se consultar
tenha disposição para ouvi-la

acasos inexistem

seu amor foi meu sustento nesses anos em que o mundo caminha furio

frase que anunciou um erro crucial

eu era dependente e medrosa
querendo ser mais sua
do que minha

warsan shire tinha me ensinado
que não devemos fazer casa
nas pessoas

estou aprendendo, afinal

ela vai trazer a lama, a água e as lágrimas
para a superfície

molhe a quem molhar

a mulher que preparou as malas e quase partiu

a mulher que engoliu o grito impreterível

a mulher que confundiu intuição com delírio

a mulher que escreveu e rasgou em seguida

a mulher que hesitou com a palavra na garganta

a mulher que desligou o telefone na hora de pedir ajuda

a mulher que amargou as palavras diante do espelho

a mulher que descumpriu as próprias promessas

um brinde às tentativas

no fundo eu sempre fui essa que você vê agora

corpo fechado & peito aberto & sonhos selvagens

e você tinha alguma dúvida
de que eu iria me recuperar inteira?

eu sou o vento
eu nunca acabo

decoro o som da gargalhada
daqueles que amo

se eu trair meus próprios desejos
embarcarei no caos inconfundível
daqueles que se entregam
ao desencanto

sou exemplar como minha inimiga
especialmente quando a depressão me atinge
arremessando um meteoro no centro da estrutura óssea

delego absurdos
e cumpro cada ordem

ajo de forma incoerente
descosturo a colcha bonita
que teci no dia anterior

destruo as evidências do autoamor
acredito que a cura é distante e arredia
posso jurar que nunca me cuidei antes

saboto a rotina
confio no meu pensamento
que me condena

sou também uma aliada impecável de mim
quando consigo

dois pesos
infinitas medidas

pelos olhos de minha mãe

a palavra amor é perigosa
esquecida

pelos olhos de meu pai

a palavra amor é adversa
danosa

pelos meus olhos

a palavra amor é tentativa
eu insisto

as respostas que anseio
estão em mulheres que se parecem comigo

Yemanjá abençoe as mulheres
que se lançam na profundidade de seus mares
e voltam para contar as histórias
de seus renascimentos

me procura
me chama pra beber um vinho
já tem tanto desencontro por aí

arruma uma desculpa pra me ver
fala do tempo, do signo, do cansaço

basta um balanço previsível
pra me envolver na sua ginga

me faz tremer repetindo no meu ouvido:

eu não paro de te querer

desalinha
se achega no meu cheiro
convida minhas mãos pra escreverem
nas suas águas

me diz se quer escutar erykah badu ou luedji luna
eu sei tua preferida: *manto da noite* no repeat

mapeia a eletricidade da minha pele arrepiada
contorna minha boca com seus territórios

a magia ancestral da entrega é exagerada
o que te condiz me interessa infinitamente

desconheço algo mais poderoso
do que escrever cartas de amor
destinadas ao meu endereço

te espero num poema, meu bem.

se demore, eu vou botar a mesa do café pra gente, preparei alguns encantos pra te receber, parei com isso de achar que amar não é pra mim.

por enfrentamento ou audácia
estarei de queixo erguido nos lugares em que estivemos
visitarei as cidades onde chorei
caminharei nas ruas em que fui ferida

me recuso a desviar da vida

sou escritora
mudo completamente
o rumo das narrativas

receita para permanecer:

1. as relações que você viveu te ensinaram a partir. os relacionamentos que você observou dentro da sua casa te disseram que a sua herança é apenas dor. talvez o início seja somente seu: começar do zero e aterrar no presente.

2. a reciprocidade é um território inquietante, abrace a estranheza de merecer o afeto. desapegue do ideal sem desistir do que deseja.

3. conversas desconfortáveis serão frequentes, pois adentrar é tocar os avessos.

4. se permita ser amada. tente. flua. falhe. busque. retorne.

5. ficar é diferente de depender.

6. apaixone-se pela sua solitude, assuma a efemeridade dos encontros e vá dançando enquanto os passos forem justos e genuínos.

7. se permita ser amada. cresça junto, baixe escudos, crie planos, aceite as flores.

lembrei da locadora e de como esperávamos o sucesso dos filmes baixarem para que pudéssemos levar os pôsteres pra casa, dos desenhos animados que você gravava nas fitas pra gente, dos álbuns de papéis de carta que eu trocava com a irmã, dos sabores da sorveteria perto do seu trabalho, das idas à cachoeira, da feirinha do bairro toda sexta-feira, lembrei daquela árvore que tinha flores amarelas, dos gatos e cachorros e do quintal, de como você deixava eu me vestir da forma que eu bem entendesse, dos banhos de mangueira no calor de 38 graus, dos cinemas raros e maravilhosos, lembrei de acordar aos finais de semana com o som da televisão e dos programas que passam de manhãzinha, de uma foto em que tô deitada no seu colo naquele sofá antigo, de todas as revoluções silenciosas que você fez pra nos manter, lembrei da casa da vó, do cheiro de comida gostosa, dos almoços de domingo e do vô sentado na mesma cadeira, lembrei de cada móvel e cada santo do altar dela, lembrei das boinas e dos chinelos dele, do café pra são benedito, lembrei de raspar massa de bolo, lembrei de jogar baralho com a tia, lembrei dos gibis da turma da mônica, do tempo passando sutilmente voraz, de como nossa família é barulhenta, imperfeita e linda e lembrei que você segue articulando universos por nós, mãe.

se resguarde
poupe suas palavras
sagacidade é reconhecer
os instantes exatos de usar o silêncio
como punhal

por que a surpresa
se eu te avisei que eu era indelével?

te provoco na memória

abrir o coração para alguém
é causar uma rachadura
nas certezas

arrisque-se

para o meu espírito

se te oferecerem tropeço, vire pedra
se te oferecerem conexão, vire mel

não posso curar minha mãe
ferida que me transpassa
incessantemente

impossível lidar
com a minha magnitude
de qualquer jeito

para guardar nomes semelhantes ao meu
estreite os laços da sua voz
com a terra e o amanhecer

me chame
como evocam
as deusas

vó, quando a senhora chegar nesta página, saiba que você me ensinou que o amor mora nos nossos telefonemas conversando sobre os livros da rupi kaur. eu entendo o motivo da senhora ter gostado mais do segundo, é mais corajoso e vivo, né? saiba que foi lindo chegar aí e ter o programa que eu participei gravado na televisão para assistirmos juntas. que deitar no seu colo distancia as tragédias do mundo. que basta uma bênção sua para que nada me atinja. que te levar pra perto do mar depois de tantos anos foi uma das poesias mais bonitas que escrevi. eu tenho a honra de conviver com uma mulher-baobá. obrigada por fazer cafuné na minha existência.

sua parte rude e áspera é indispensável
para cortar o que te faz mal

aquilo que te desgoverna
talvez te conduza ao extraordinário

sua doçura é herança antiga
uma curandeira sabe equilibrar
delicadeza e acidez

– ensinamentos ancestrais

sente à mesa do bar
e conte sobre a vilã dessa história

diga como eu fui terrível
com os seus processos

invente inúmeros adjetivos
que despontem minhas guerras

espalhe as minúcias da minha loucura
afirme o quão incabível eram as inseguranças
que você plantava

jogue meus segredos ao vento
esconda absolutamente todo detalhe
dos seus comportamentos

mergulhe no que você faz de melhor:
fugir de si

eu facilmente me apaixonaria por você
olharia fundo nos seus olhos e faria um único convite:

quer reinar comigo?

a sua encantaria intuitiva
te livrou de pessoas rasas
e de vastos desconfortos

por que duvidar
logo agora?

vê se esquece de distrair
a vontade de se declarar

o maior encantamento
é a honestidade diante do sentir

eu não serei uma mulher que diz não ao amor. eu não serei uma mulher fadada à tristeza. eu não serei uma mulher definida pelos meus traumas. não vou negar os bons caminhos. eu desafio a dor. reinvento as sinas. o feitiço é minha marca de nascença. eu sou a contramão do mundo.

onde a gente guarda
uma casa que deixou
de existir?

eu quero um amor de filme, desses exagerados de comédia romântica boba, desses que escutamos nas músicas, desses que despertam a vontade de fazer playlist, que fazem a gente atrasar um pouquinho pro trabalho, perder a estação do metrô, escrever poesia brega, rir à toa no meio da rua. eu quero um amor que dá frio na barriga gostoso, que canta pagode anos 90 no karaokê olhando nos olhos, que me liga e pergunta do meu dia, que balança e derrete, que planeja o futuro comigo enquanto preparamos o almoço de domingo. quero um amor com cheiro de alecrim, de café, de conversas longas e macias. quero um amor que me movimente, que memorize manias, que fique, que cresça, que percorra a neblina, que saiba voar, despencar, voltar. quero um amor que ri, que tem defeitos, que tenta, que procura, que é forte e suave, que escapa da intenção de salvar ou completar. amor arrebatador, amor bagunçado, amor levinho, amor tangível.

gosto quando me dizem irreconhecível
sinal de que fui brilhante
na arte de transmutar

nesse jogo de tentar me fazer pequena
você vai se arruinar sozinho

minha criança me sonhou grandiosa
e nós duas juntas conseguimos

linhas escritas com as mãos tremendo são admiráveis

para ela que construiu quartos no peito
os fechou e mastigou as chaves

para ela que compreendeu
que nem todas as angústias se curam

desejo a bênção do esquecimento

ela me pergunta como é amar você
digo que é uma mistura de aguaceiro
com areia movediça

imersão profunda

é como se houvesse um sambinha tocando
ininterrupto

ela me pergunta como eu sei

quero falar que te amo a cada meio segundo
orbitar suas palavras e ouvir suas constelações

expandir o tempo para entrelaçar devagar
nossos quereres

sua retina me desequilibra instantaneamente

ela me pergunta o que isso significa

digo que nossos espíritos se reencontraram
finalmente

faço preces cotidianas para afugentar e
despistar paixões fracas e amores vagos

ser referência só de força
não me interessa

coração virou atabaque
no 2 de fevereiro em Salvador

sou mulher terra de raiz funda
quartinha cheia de reza líquida

nasci pra me emocionar

fluo junto à fartura e à abundância
minha grandeza é inegociável

aprendi com minha mãe a adoçar a escuridão
nos submundos é a gente quem manda

vou esbarrar contigo em sonho
depois me conte como foi

eu também já vi o mar de dentro secar. a lava dos poros parar de borbulhar. o fogo do sorriso se tornar uma faísca fina e quase imperceptível. já senti meu rio cair, meu ar ficar aprisionado no passado, minha correnteza me puxar para a confusão, o redemoinho de areia me arrastar para um choro seco, o vento da minha boca ondular fraco e sem jeito. até que Oyá falou: há de se ter coragem para se reconhecer natureza. nomear um vulcão com o seu sobrenome. grandeza assusta, mas a tempestade não pode estar no olho do furacão. ela só tem a opção de ser o todo. quem sabe chover nunca morre. deixa encharcar.

te convido a vasculhar os limites de suas zonas abissais. vá somente até onde der conta, pois a palavra não pede pressa. quando chegar lá, distraia a dor, mude o que incomoda, dê risada na cara da ferida. autoficcionar é inventar um futuro, descansar os medos e desenhar rotas que dizem: pisarei fundo nessa história, porque eu escrevo o final dela.

o poema acalenta
sustenta
mas ele não te salva
quem te salva
é você

que após ler este livro
vai levantar da cama
lavar o rosto como quem
molha um renascimento
contrariar a ansiedade
desobedecer as sombras
despertar as circunstâncias

desenhar uma constelação
nos seus ombros
e continuar

agradecimentos

agradeço à ancestralidade que me habita e me recorda da importância de honrar meu nome e sobrenome. o feitiço está em reconhecer que nenhuma manhã é trivial, nenhum dia se repete. agradeço a Padilha por me devolver o som do meu riso. e me encher de vida. agradeço a Yemanjá, que me viu no seu imenso mar e me chamou para voltar a existir: eu não passei despercebida aos seus olhos. ela me temperou com a continuidade.

agradeço às mulheres da minha família: vocês são o elo e o infinito.

agradeço aos meus amigos, que são meu céu e meu sol. os grandes amores da minha vida já caminham comigo. nos vemos em breve lá em casa, com a mesa farta e a gargalhada alta.

agradeço ao meu reflexo no espelho: temos ido tão bem nessa caminhada não linear e deliciosa do amor-próprio, não é mesmo?

agradeço a cada pessoa que me lê e me escreve de volta dizendo que se curou, se enxergou, se identificou, se movimentou.

nenhum vento sopra em vão.

nenhuma palavra é acaso.

insisto em mim porque sou mágica.

leia também: